NO TODOS SON BUENOS

Ayudando a los niños a tener cuidado con extraños

Frederick Alimonti
Y Ann Tedesco, Ph.D.
ilustrado por C.S. Fritz

THOUSAND ACRES

No Todos Son Buenos, 2022. Copyright 2021 por Frederick Alimonti y Ann Tedesco

SEGUNDA EDITION

Ilustrado por: C.S. Fritz
Diseño interior: Albatross Book Co.
www.albatrossbookco.com
Traducción al español de Claudia Mazzucco, Ana Maria Mardones, and Gina Cavallaro.

 ISBN
(hardcover) 978-1-956450-49-1
(paperback) 978-1-956450-52-1
(eBook) 978-1-956450-53-8

THOUSAND ACRES

Publicado por THOUSAND ACRESS, una editorial de Armin Lear Press, Inc.
215 W Riverside Drive, Suite 4362, Estes Park, Colorado 80517

Para los niños

Mi nombre es Kathy.

Vivo con mi mamá, papá y hermano pequeño, Eric. Eric tiene solo dos años.

También tenemos un gato que se llama "Cuchara." Lo llamamos así porque nació con una mancha negra en su espalda con forma de una cuchara.

Voy al jardín infantil. Mi maestra se llama Señora Roberts. Ella es muy simpática. Nos lee cuentos y enseña muchas cosas interesantes como las ciencias y la naturaleza. En los días de actividades "Mostrar y Contar," la Señora Roberts nos deja traer al jardín cosas para compartir con el resto de la clase.

Algunos días mi mamá va a buscarme a la escuela.

Otros días, regreso a casa con mi abuela, y otras veces con un amigo.

Espero a quien me lleve a casa, en la esquina muy cerca del guardia de cruce.

ELIGE UNA
MENTALIDAD
DE CRECIMIENTO.

TU ACTI
ES IMPORT

Todas las mañanas, antes de salir a la escuela, mi madre me dice quién irá a buscarme al final del día.

Mamá y papá siempre me dicen que nunca me vaya a casa con nadie más que ellos o que me suba a un auto con una persona que no tenga el permiso de ellos para llevarme a casa.

A veces la persona que va a recogerme en la escuela se retrasa. Cuando eso sucede debo esperar al lado de la puerta de la escuela. Si la persona sigue retrasada y no llega pronto, debo volver adentro y decirle a la maestra que nadie vino a recogerme.

Eso solo sucede en ocasiones cuando mamá tiene que trabajar horas extras, o hay alguna confusión.

Juego en la sala de clases hasta que mi mamá me viene a buscar.

Un día, estaba junto a la acera esperando que mi mamá viniera a recogerme.

Ella estaba retrasada. Estaba por volver adentro de la escuela a esperarla ahí, cuando un auto se detuvo delante mío.

El hombre al volante bajo la ventanilla.

Pude ver que llevaba un gorro gracioso de lana verde con un pompón en la parte superior. También tenía puesto un suéter verde que hacía juego con el gorro.

Parecía ser una buena persona.

"¿Está todo bien?" preguntó él. "Me parece que estás sola o perdida."

"No estoy sola o perdida," respondí. "Estoy esperando a mi mamá que venga a buscarme."

"¿Dónde vives?" preguntó el hombre amablemente.

"En la calle Grant," dije.

"¡Qué gracioso!" él dijo riendo, "Yo también vivo en la calle Grant."

Yo no pensé que era gracioso pero lo dijo con una sonrisa, y se reía, entonces yo también reí.

"¿Cómo te llamas?" me preguntó el señor desconocido.

"Mi nombre es Kathy," respondí.

"Hola Kathy, yo me llamo Señor Green," él dijo amablemente. "Yo vivo cerca de donde tú vives, y voy en esa dirección. Puedo llevarte a tu casa si así lo quieres . ¿Porque no subes? Imagino que conoces el camino. Tu pareces ser una niña muy inteligente," dijo él con una sonrisa.

"Yo no puedo subir a su auto, Señor Green," dije. "Mi mamá me dijo que debo esperar por ella aquí."

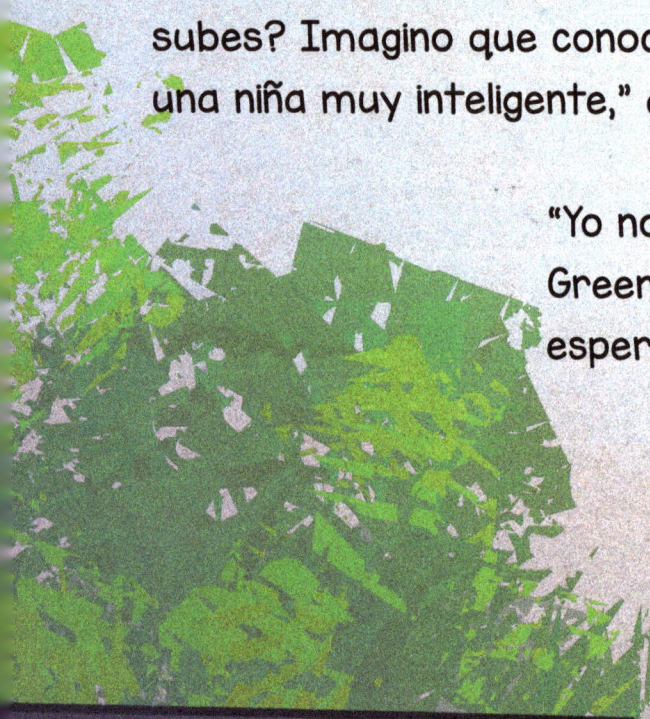

"Me sentiría feliz de llevarte a tu casa con tu mami. Ella esta probablemente preocupada por tí. Tal vez va a llegar tarde, porque está herida o enferma y no pudo venir a buscarte. Debemos ir pronto a verla," dijo él.

Ahora yo estaba preocupada. Quizás el Señor Green tenía razón. Quizás mi mami estaba herida o enferma.

"Mira," dijo el señor Green. "Tengo aquí chocolates. Los compré para mi niñita. Ella tiene la misma edad que tú. Te puedes comer los chocolates si me prometes no contarle a ella. Su nombre es Lisa. ¿La conoces?"

"No. No conozco a nadie llamada Lisa."

El hombre extendió la mano por la ventana del auto para darme una pequeña barra de chocolate.

Me acerque a recibir la barra de chocolate, pero en ese momento, antes de que pudiera tomarla, sentí una mano en mi hombro tirando de mí hacia atrás. Me di vuelta. Era la mano de mi madre, que parecía estar muy contrariada.

"¿Quién es usted?" mi madre preguntó al extraño en el auto.

"Este es el Señor Green," dije.

El extraño no dijo nada. Puso en marcha el coche y se alejó muy rápidamente. La barra de chocolate cayó al suelo.

Me dio pena.

"¿Por qué el buen hombre se alejó tan rápido?" pregunté.

"No es un buen hombre, Kathy," dijo mamá. Y me prometió hablar sobre lo ocurrido más tarde en casa."

Mi mamá condujo entonces a la estación de policía, donde habló con una mujer policía que estaba en la recepción.

Mamá le dijo que quería denunciar a un desconocido en un auto que intentó a la salida de la escuela acercarse y hablar con su hija.

La policía escribió la denuncia en su informe, y le dijo a mamá que iban a investigar el incidente, aunque no entendí lo que quiso decir.

Cuando mamá terminó de hablar con la policía, me dio un abrazo muy fuerte y regresamos a casa.

Más tarde, por la noche, cuando mi hermano Eric ya estaba durmiendo (yo puedo quedar despierta hasta tarde porque soy más grande), mis padres vinieron a mi cuarto. Papá tenía un libro grande sobre el océano.

Era un libro muy colorido con muchas imágenes hermosas del océano y de variedades de peces.

"Mami me contó sobre el hombre en el auto que conociste hoy," dijo papá. "Queremos hablar contigo sobre lo que sucedió. Mami dice que tu creíste que era una buena persona."

Asentí con la cabeza. "Si, usaba un sombrero gracioso, me ofreció una barra de chocolate, y me dijo que tenía una hija pequeña de la misma edad que yo."

"Kathy," dijo papá, "A veces algunas cosas y personas son muy diferentes de lo parecen a simple vista. Hay gente que no son del todo buenas. Aun cuando así lo parecen, pueden ser peligrosos."

"No comprendo," dije.

"Quizás este libro te va ayudar a comprender," dijo papá. Papá abrió el libro en la imagen de una planta acuática, de colores amarillo y rojo. Me di cuenta que era acuática porque había peces nadando alrededor de la planta.

"¡Qué hermosa planta!" dije.

Papá negó con la cabeza. "No es una planta," explico él. "Es un animal llamado anémona de mar. Se parece a una planta para engañar a los peces, así ellos no tienen miedo de acercarse a ella. Entonces, cuando el pez está cerca, la anémona lo atrapa para comerlo en la cena."

"¡Oh no! ¿En serio?" dije.

"Si," dijo papá, "se los traga en un instante."

Mama tomó el libro y lo abrió en otra imagen que mostraba un hermoso pez con rayas naranjas y blancas y aletas grandes girando alrededor de su cabeza como la melena de un león.

"Parece un animal de la jungla," dije riendo.

"Es correcto," dijo mamá con una sonrisa. "Se llama pez león, porque se parece un poquito a un león y también porque puede ser feroz y peligroso. Mira, las aletas de este pez son hermosas pero están llenas de veneno. Si otro pez se acerca demasiado, queda atrapado y entonces el pez león se lo come para la cena."

"Es fascinante," dije. "Supongo que no debiera tocarlo."

"Si, seguramente," dijo mamá, consintiendo con la cabeza.

"Kathy," dijo papá, "Aún en la naturaleza, no puedes confiar que algo es seguro con solo mirarlo. Lo mismo es verdad con la gente. Algunas personas pueden parecer muy buenas y actuar amablemente, pero lo hacen solo para engañarte. Algunos de ellos son peligrosos y pueden lastimarte."

"¿Igual que la anémona engaña a los peces?" pregunté.

"Si, exactamente así," dijo papá.

Mi mama dijo: "La gente puede parecer buena, o verse linda y confiable, pero pueden ser tan peligrosas como el pez león. Por eso debes tener mucho cuidado. Los extraños pueden parecer agradables o decir cosas amables, pero pueden no ser buenas personas. Debes ir a lugares o recibir regalos solamente de personas que tú conoces muy bien, como tu familia, tus mejores amigos, y tu maestra."

"Recuerda Kathy," dijo papá, "Nunca puedes estar segura si una persona es realmente buena con solo mirarla o hablando con ella."

"¿Qué debo hacer si encuentro otro extraño que parece ser una buena persona, como el hombre en el auto?" pregunté.

"Bueno, Kathy," dijo papá, "Si un extraño intenta llevarte a alguna parte con él, simplemente aléjate lo más pronto que puedas, y encuentra a un adulto que conozcas para pedirle ayuda."

"¿Un adulto como mi maestra?" pregunte.

"Si, Kathy, esa es una gran idea. Los mayores saben qué hacer en estas situaciones, y son capaces de distinguir si un desconocido es confiable o es realmente como el pez león ¡disfrazado!"

Nunca volví a ver al extraño en el auto. Si lo veo de nuevo o si alguien más que no conozco me invita a subir a su auto, o quiere darme regalos, voy a recordar la historia de la anémona y del pez león que mis padres me contaron. Voy a alejarme rápidamente y pedir ayuda a un adulto.

Me siento un poco triste al saber que no todos son buenos pero conozco mucha gente que es realmente muy buena y eso me hace feliz.

CONSEJOS PARA NIÑOS

1. Cuando vayas de visita a casa de amigos, o a jugar en el parque o fuera de la casa, no salgas sola, sino con amigos. Es más seguro.

2. Antes de salir, siempre dile a uno de tus padres, o a la persona a cargo donde vas, quien va contigo, y que a hora vas a regresar.

3. Si no hay nadie en la casa y tienes que salir, siempre deja una nota diciendo a dónde vas, y un número de teléfono.

4. Cuando no te sientas seguro en la presencia de alguna persona, dile a tus padres, maestra o tutor que un desconocido te hizo sentir incomodo o asustado.

5. Nunca subas a un auto con un extraño o incluso con alguien que sí conoces cuando no tienes el permiso de tus padres . Aléjate lo más pronto que puedas.

6. No permitas que nadie te toque o te trate de manera que te asuste o te sientas incómodo.

7. No aceptes regalos -incluso cosas pequeñas como dulces o chocolates - de nadie que no este con un padre o un adulto en quien confíes para que diga que está bien.

8. Practica lo que debes hacer en caso de emergencia, como llamar al 911.

9. Cuando ves a un extraño acercándose a ti, ignóralo. No respondas si te habla. Y si alguien te asusta o te hace sentir incomodo o inseguro, llama la atención haciendo ruido y aléjate corriendo.

10. Busca al guardia de seguridad o a un policía si te pierdes o te separas de tus padres mientras estes comprando en un centro comercial o estes paseando en algún lugar público.

CONSEJOS PARA PADRES Y TUTORES

No resulta fácil instruir a sus hijos en reglas de seguridad pero es posible establecer ciertos principios. Por ejemplo:

1. Establezca reglas sobre dónde y con quién los niños pueden ir. Siempre sepa dónde están sus hijos.

2. Enseñe a los niños a desconfiar de los extraños y a seguir sus instintos si se sienten incómodos o tienen miedo de las personas, incluso con otros miembros de la familia.

3. Enséñeles a decir "¡No!„ y alejarse de personas y situaciones que pueden ser peligrosas.

4. Enseñe a los niños a hablar inmediatamente con la niñera, tutor o miembro de la familia si un desconocido se acerca a ellos.

5. Practique un juego con sus hijos, imaginando que sucedería si un extraño se acerca a ellos pidiendo ayuda, por ejemplo, si alguien les dice "Estoy buscando a mi cachorro," o "Necesito una dirección."

6. Enséñales cómo llamar al 911, y a memorizar la dirección de la casa donde viven y los números de teléfonos.

7. No deje a sus hijos solos en ninguna circunstancia.

8. Cree una palabra secreta que solo ustedes sepan en caso que alguien que no es un miembro de la familia deba ir a recogerlos a la escuela.

9. Enseñe a los niños como llamar a seguridad o a la policía si están perdidos, o los pierde de vista en lugares públicos.

10. Lleve siempre consigo una foto reciente de sus hijos en la billetera, con su peso, altura y otros importantes datos de identificación escritos en la parte de atrás.

www.ingramcontent.com/pod-product-compliance
Lightning Source LLC
Chambersburg PA
CBHW060946100426
42813CB00016B/2884